Mama

mamma

Papa

papà

Junge

bambino

Mädchen

bambina

1
eins

uno

2
zwei

due

3

drei

tre

4
vier

quattro

5

fünf

cinque

6

sechs

sei

7

sieben

sette

8

acht

otto

9

neun

nove

10

zehn

dieci

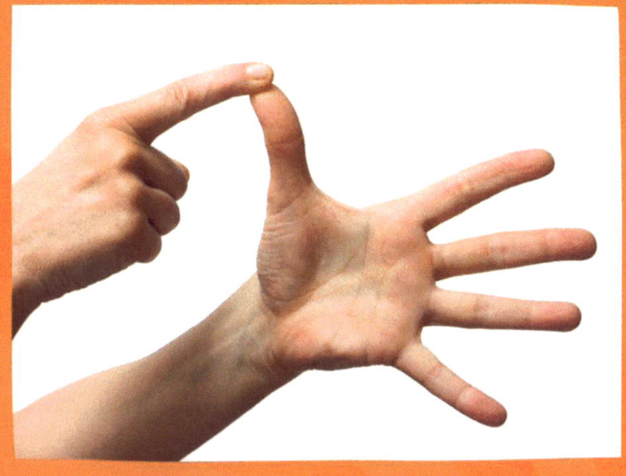

zählen

contare

schreiben

scrivere

zeichnen

disegnare

malen

dipingere

Kreis

cerchio

Quadrat

quadrato

Rechteck

rettangolo

Dreieck

triangolo

Stern

stella

schwarz

nero

weiß

bianco

braun

marrone

rot

rosso

blau

blu

gelb

giallo

grün

verde

lila

viola

grau

grigio

orange

arancione

rosa

rosa

Apfel

mela

Banane

banana

Ananas

ananas

Wassermelone

cocomero

Birne

pera

Weintrauben

uva

Mango

mango

Pfirsich

pesca

Erdbeere

fragola

Kirsche

ciliegia

Orange

arancia

Kokosnuss

cocco

Zitrone

limone

Pilz

fungo

Mais

mais

Tomate

pomodoro

Kürbis

zucca

Gurke

cetriolo

Karotte

carota

Kartoffel

patata

Zucchini

zucchina

Spinat

spinacio

Blumenkohl

cavolfiore

Ei

uovo

Teller

piatto

Löffel

cucchiaio

Messer

coltello

Gabel

forchetta

Kuchen

torta

Babyflasche

biberon

Süßigkeiten

caramelle

Käse

formaggio

trinken

bere

essen

mangiare

heiß

caldo

kalt

freddo

klein

piccolo

groß

grande

 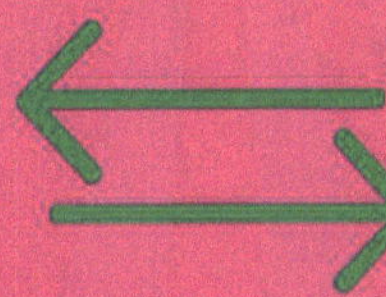 

kurz

corto

lang

lungo

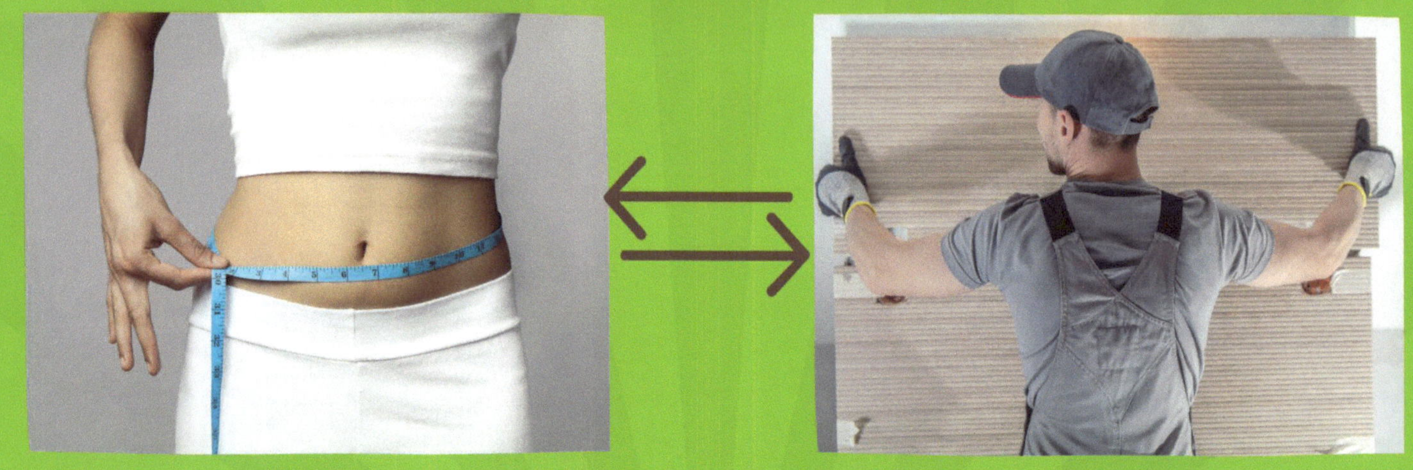

dünn

sottile

groß

largo

leicht

facile

schwierig

difficile

aufstehen

alzarsi

hinsetzen

sedersi

süß

dolce

salzig

salato

schwer   **leicht**

pesante   leggero

in   **aus**

dentro    fuori

dreckig

sporco

sauber

pulito

schließen

chiudere

öffnen

aprire

Bleistifte

matite

Uhr

orologio

Schlüssel

chiave

Buch

libro

Bett

letto

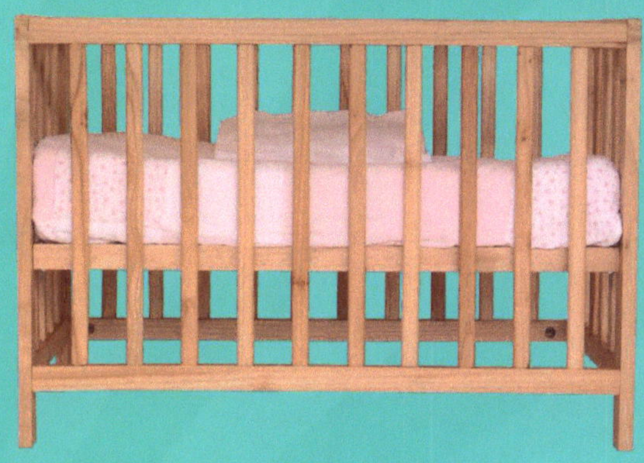

Krippe

culla

Tisch

tavolo

Stuhl

sedia

Auto

automobile

Fahrrad

bicicletta

Flugzeug

aereo

Boot

barca

Zug

treno

Hubschrauber

elicottero

Feuerwehrauto

camion dei pompieri

Feuerwehrmann

pompiere

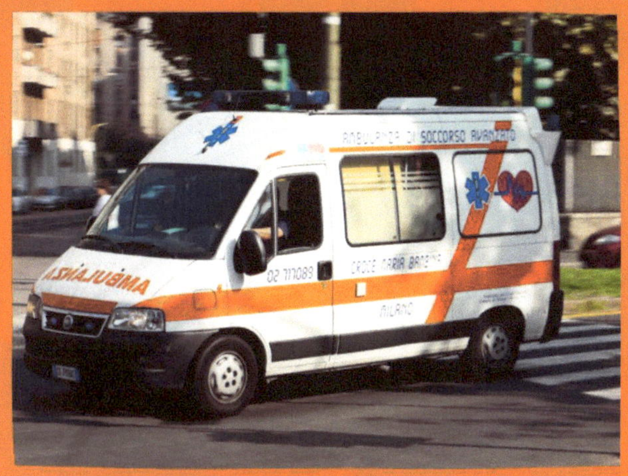

Krankenwagen

ambulanza

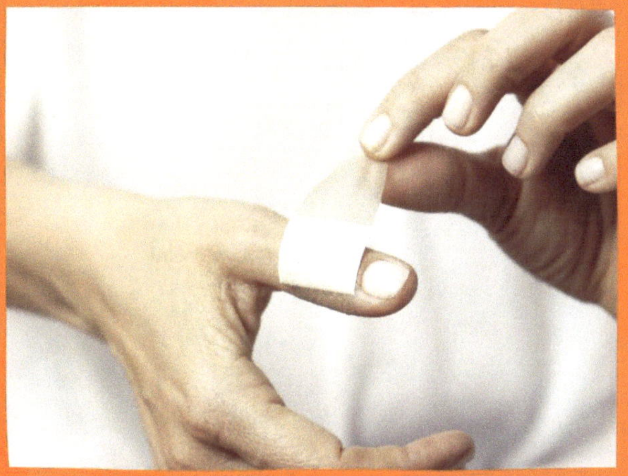

Verband

benda

Rettungssanitäter

paramedico

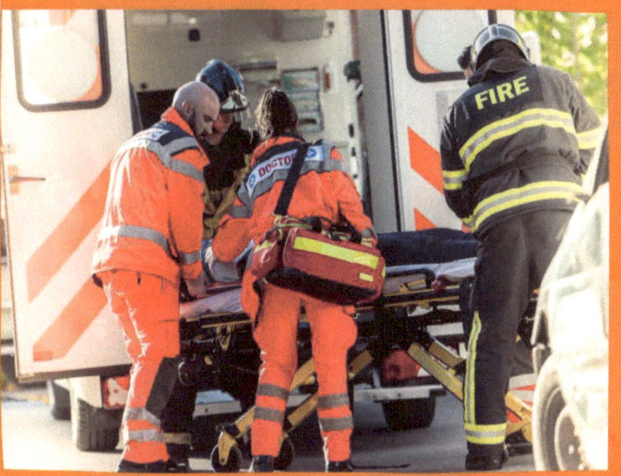

Rettungsteam

squadra di soccorso

Wald

foresta

Berg

montagna

Gras

erba

Sand

sabbia

Baum

albero

Blume

fiore

Schmetterling

farfalla

Ameise

formica

Katze

gatto

Hund

cane

Pferd

cavallo

Maus

topo

Kuh

mucca

Schwein

maiale

Schaf

pecora

Ente

anatra

Gans

oca

Hase

coniglio

Fisch

pesce

Tierärztin

veterinario

Doktor

dottore

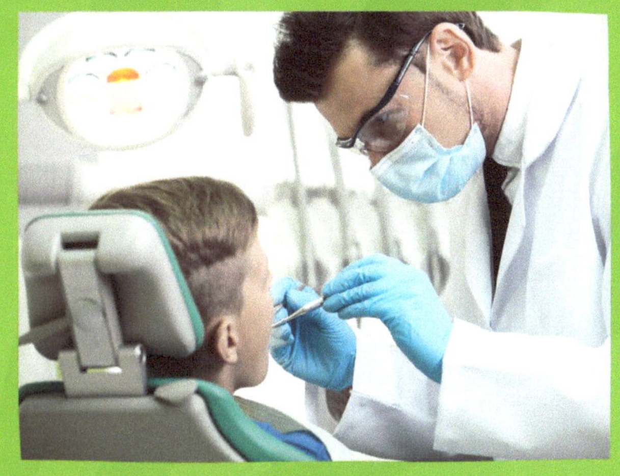

Zahnarzt

dentista

Apotheker

farmacista

Krankenschwester

infermiere

Kopf

testa

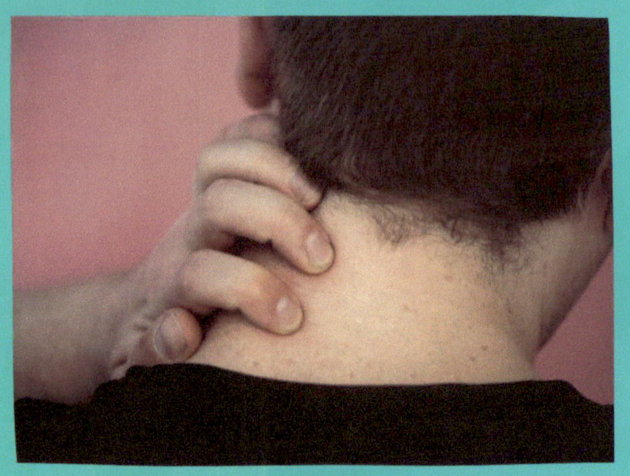

Hals

collo

Fuß

piede

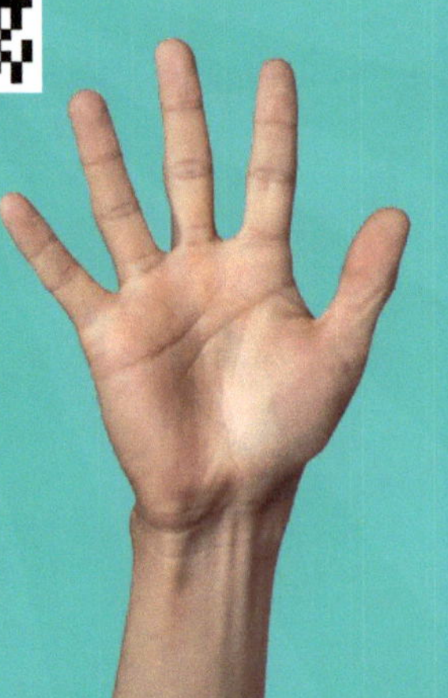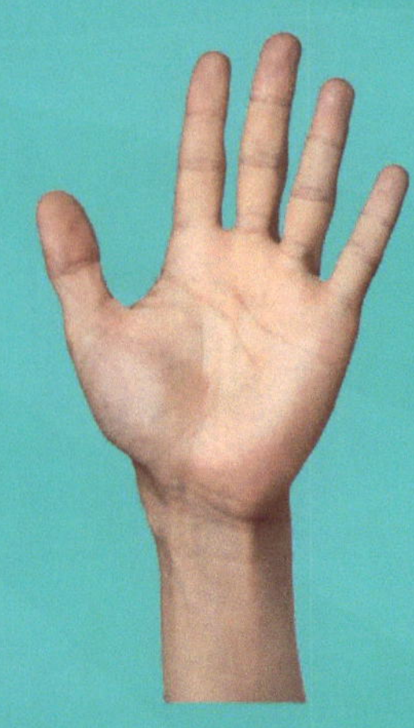

Hand

mano

Zähne

denti

Auge

occhio

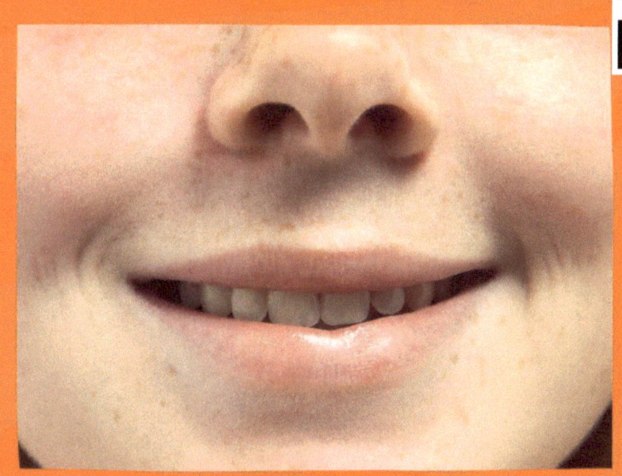

Mund

bocca

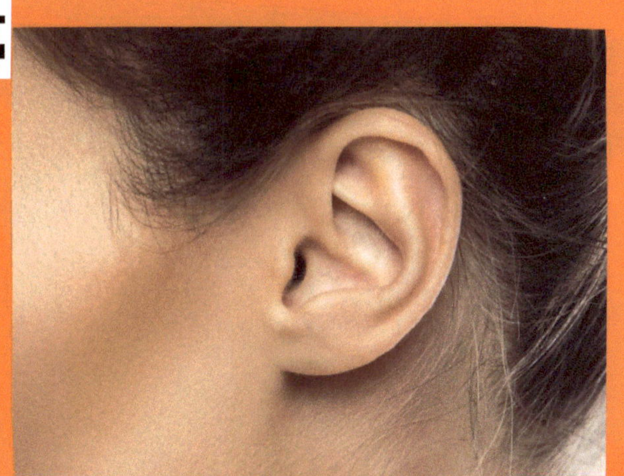

Ohr

orecchio

Hut

cappello

Kleid

vestito

Hose

pantaloni

Schuhe

scarpe

Mantel

cappotto

Schal

sciarpa

Regenschirm

ombrello

Brille

occhiali

Sonne

sole

wolkig

nuvoloso

regnerisch

piovoso

Mond

luna